BEI GRIN MACHT SICH IHR WISSEN BEZAHLT

- Wir veröffentlichen Ihre Hausarbeit, Bachelor- und Masterarbeit

- Ihr eigenes eBook und Buch - weltweit in allen wichtigen Shops

- Verdienen Sie an jedem Verkauf

Jetzt bei www.GRIN.com hochladen und kostenlos publizieren

Bibliografische Information der Deutschen Nationalbibliothek:

Die Deutsche Bibliothek verzeichnet diese Publikation in der Deutschen Nationalbibliografie; detaillierte bibliografische Daten sind im Internet über http://dnb.d-nb.de/ abrufbar.

Dieses Werk sowie alle darin enthaltenen einzelnen Beiträge und Abbildungen sind urheberrechtlich geschützt. Jede Verwertung, die nicht ausdrücklich vom Urheberrechtsschutz zugelassen ist, bedarf der vorherigen Zustimmung des Verlages. Das gilt insbesondere für Vervielfältigungen, Bearbeitungen, Übersetzungen, Mikroverfilmungen, Auswertungen durch Datenbanken und für die Einspeicherung und Verarbeitung in elektronische Systeme. Alle Rechte, auch die des auszugsweisen Nachdrucks, der fotomechanischen Wiedergabe (einschließlich Mikrokopie) sowie der Auswertung durch Datenbanken oder ähnliche Einrichtungen, vorbehalten.

Impressum:

Copyright © 2019 GRIN Verlag
Druck und Bindung: Books on Demand GmbH, Norderstedt Germany
ISBN: 9783668981973

Dieses Buch bei GRIN:

https://www.grin.com/document/491275

Oliver Kolodzik

Aus der Reihe: e-fellows.net stipendiaten-wissen

e-fellows.net (Hrsg.)

Band 3189

Image-to-Image Translation als Anwendung von Cycle GANs

GRIN Verlag

GRIN - Your knowledge has value

Der GRIN Verlag publiziert seit 1998 wissenschaftliche Arbeiten von Studenten, Hochschullehrern und anderen Akademikern als eBook und gedrucktes Buch. Die Verlagswebsite www.grin.com ist die ideale Plattform zur Veröffentlichung von Hausarbeiten, Abschlussarbeiten, wissenschaftlichen Aufsätzen, Dissertationen und Fachbüchern.

Besuchen Sie uns im Internet:

http://www.grin.com/

http://www.facebook.com/grincom

http://www.twitter.com/grin_com

Universität Paderborn

Signal & System Theory Group

Hein Nixdorf Proseminar

Wintersemester 18/19

Image-to-Image Translation als Anwendung von Cycle GANs

01.03.2019

Oliver Kolodzik

Inhalt

1 Einführung 3
    1.1 Motivation 3
2 Überwachtes vs. Unüberwachtes Lernen...3
    2.1 Überwachtes Lernen 3
    2.2 Unüberwachtes Lernen 4
3 Generative Adversarial Nets..5
    3.1 Konzeption..5
    3.2 Theoretische Grundlagen 5
    3.3 Algorithmus und Ergebnis 8
    3.4 Anwendung...9
4 Image-To-Image Translation...10
    4.1 Cycle Gan 10
    4.2 Theoretische Grundlagen 11
    4.3 Ergebnis und Anwendung..11
5 Ausblick und aktueller Stand 13

1 Einführung

1.1 Motivation

Täglich liest und hört man in Medien und Nachrichten über die nächste große Entwicklung, den nächsten Schritt in Richtung künstlicher Intelligenz und Digitalisierung. Was aber genau ist die künstliche Intelligenz und wie intelligent ist sie wirklich? Um das zu beantworten muss man sich zunächst die verschiedenen Arten von künstlicher Intelligenz einmal veranschaulichen, vor allem die Unterscheidung sogenannten überwachten zu unüberwachten Lernens. Diese Ausarbeitung wird dort beginnen und weiterführend die Methode des G(enerative)A(dversarial)N(ets) als Modell des unüberwachten Lernens näher erläutern. Schließlich wird das Modell des Cycle GANs, einer Weiterentwicklung der GANs, beschrieben und über die Anwendung als Image-To-Image Translation, also der automatischen Bildbearbeitung bzw. -generierung angewandt dargestellt. Ziel bei der Ausarbeitung ist es, einen Überblick über die beiden großen Teilgebiete sowie die theoretischen Grundlagen der beiden oben genannten Modelle zu vermitteln.

2 Überwachtes vs. Unüberwachtes Lernen

2.1 Überwachtes Lernen

Die erste Art des maschinellen Lernens basiert auf dem überwachten Ansatz. Das Modell soll sich dabei in dieser Ausarbeitung auf ein sogenanntes Neuronales Netz beschränken, da es sich damit sehr eingängig erklären lässt und es ebenfalls die Grundlage für die weiteren Ausführungen bietet.

Was also ist ein neuronales Netz? Ein neuronales Netz besteht aus Neuronen, die mit Kanten untereinander verbunden sind und (in der einfachen Variante) in drei Schichten einsortiert sind, eine Input-, eine versteckte und eine Output-Schicht. Unter einem Neuron kann man sich einen Knoten vorstellen, der einen Wert bekommt und mit einer Aktivierungsfunktion den Funktionswert zu diesem Wert berechnet. Die Inputneuronen werden jeweils mit einem Wert initialisiert, beispielsweise einem Grauwert aus einem Schwarzweißbild. Dieser Wert wird anschließend in eine Aktivierungsfunktion eingesetzt. Sollte der so berechnete Wert den Schwellwert übersteigen, so „feuert" das Neuron über seine ausgehenden Kanten zu den nächsten Neuronen. Andernfalls wird sie nicht aktiviert und das so gegebene Signal verebbt. Sowohl der Schwellwert als auch die Gewichtung der einzelnen Inputs sind über modifizierbare Parameter dargestellt, sodass diese im Verlauf des Trainings angepasst werden können. Ist man in der Output-Schicht angekommen, so wird über die Output-Neuronen ein gemeinsamer Ausgabewert ermittelt .

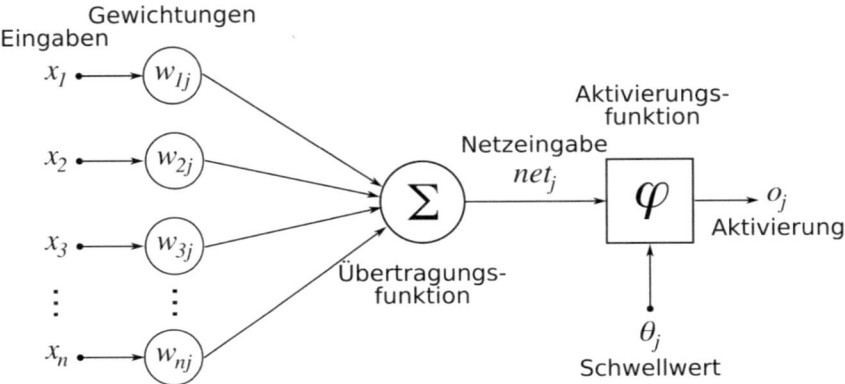

[1]

Beim überwachten Lernansatz verfügt man bereits zu Beginn des Trainings über gepaarte Trainingsdaten, also einer Eingabe und dem gewünschten Ausgabewert. Als konkretes Beispiel lässt sich hier die Handschrifterkennung anführen: Es gibt verschiedene Datenbanken, die ein Bild als Eingabedatum mit dem gewünschten Endwert haben, also beispielsweise ($\mathscr{3}$ 3). Im Trainingsprozess wird diese Eingabe nun in das neuronale Netz gegeben, woraufhin der vom Netz ermittelte Wert mit dem schon vorhandenen Wert verglichen wird. Je nachdem ob diese beiden gleich sind oder nicht werden mit verschiedenen Algorithmen, allem voran Backpropagation [7], die eben genannten Parameter ein bisschen verändert, sodass nach einer gewissen Anzahl an Trainingsiterationen ein gutes Ergebnis herauskommt.

Mithilfe dieser Methode lassen sich sehr gute Ergebnisse bei Problemen erzielen, bei denen diese Datenpaare vorhanden sind. Problematisch wird es jedoch, wenn man sich Problemen widmet, bei denen keine oder kaum Datenpaare vorhanden sind, was uns zur Kategorie des unüberwachten Lernens bringt.

2.2 Unüberwachtes Lernen

Wie oben angeführt, besitzt man beim unüberwachten Lernen keine Datenpaare. Worauf also basiert hier das Modell und für welche Anwendungen wird es eingesetzt? Dies soll im Folgenden anhand des

GAN Frameworks erklärt werden, welches von Ian Goodfellow *et al.* in ihrem Paper „Generative Adversarial Nets" 2014 eingeführt worden ist [2].

3 Generative Adversarial Nets

3.1 Konzeption

Zunächst einmal zu dem Wort: Die Abkürzung GAN steht für Generative Adversarial Net, was sich übersetzen lässt als „generatives gegnerisches Netz". Ganz banal kann daraus vermutet werden, dass bei solchen GANs ein Wettkampf oder ähnliches stattfindet. Dies Vorstellung ist in der Tat richtig, denn es handelt sich um 2 Neuronale Netze, welche gegeneinander antreten.

Auf der einen Seite steht das generative Netzwerk, welches abstrakt beschrieben versucht, eine mathematische Verteilung zu generieren, die gewisse unbekannte Kriterien erfüllt. Konkret handelt es sich bei der Verteilung, in den meisten Anwendungen um Bilder, die generiert werden. Demgegenüber steht ein weiteres neuronales Netz, welches versucht zu unterscheiden, ob der Input, den es bekommt, von echten Daten stammt oder ob es sich um eine von dem anderen neuronalen Netz generierte Verteilung handelt.

Anschaulich betrachtet handelt es sich also um ein Duo von Netzen, bei dem einer den Fälscher, der versucht so gute Kopien wie möglich zu generieren, und der andere den Detektiv, der die Fälschungen aufzudecken versucht, spielt.

3.2 Theoretische Grundlagen

Wie in Abschnitt 2.1 schon erwähnt, generiert das eine neuronale Netz, fortfolgend als Generator bezeichnet, Bilder. Diese werden modelliert als Wahrscheinlichkeitsverteilungen $G(z, \theta_g)$, wobei G hier eine differenzierbare Funktion, dargestellt durch das neuronale Netz, z eine Abbildung von zufälligen Rauschbilder, die von G dann manipuliert werden, und θ_g die Parameter des Netzes, darstellen. Das andere neuronale Netz, welches entscheidet ob es sich um ein echtes oder generiertes Bild handelt, fortfolgend Discriminator genannt, nimmt als Input eine solche Wahrscheinlichkeitsverteilung und gibt einen Skalar $D(x)$ aus, der die Wahrscheinlichkeit beschreibt, dass die Eingabe x aus den echten Daten stammt. [2]

Um zu entscheiden, ob $G(z, \theta_g)$ nun echt oder gefälscht ist, muss eine Methode verwendet werden, um zwei Wahrscheinlichkeitsverteilungen zu vergleichen. Hier hat sich als Maß für die Ähnlichkeit zweier Verteilungen die binäre Kreuzentropie als gängigste Methode herausgestellt [3], welche sich ergibt aus

$$H(p,q) = -\sum_i p_i \cdot \log(q_i)$$

Da es sich hier nur um zwei Verteilungen handelt, lässt sich die Summe auflösen zu

$$H(p,q) = p_0 \cdot \log(q_0) + p_1 \cdot \log(q_1)$$

Was sich weiter vereinfachen lässt, wenn folgender Zusammenhang betrachtet wird: Da es lediglich zwei Verteilungen gibt, nämlich „echt" und „generiert", kann man die eine Verteilung einfach als nicht-eintreten der anderen interpretieren, also:

$$H(p,q) = (1-p_1) \cdot \log(1-q_1) + p_1 \cdot \log(q_1)$$

Somit ist nun die Ähnlichkeit zweier Datenbestände gegeben. Für insgesamt N können diese einfach aufsummiert werden und es ergibt sich

$$H(p,q) = \sum_{i=1}^{N}(1-p_{i,1})\log(1-q_{i,1}) + \sum_{i=1}^{N} p_{i,1}\log(q_{i,1})$$

Die Summen werden nun einfach über die Notation des Erwartungswerte aufgelöst, indem vorher die Zufallsvariable x eingeführt wird, die nach den beiden Verteilungen p_{data} und $p_{generator}$ verteilt sein kann. Im gleichen Schritt benutzen wir den Funktionswert $D(x)$ wie schon vorher besprochen als die Wahrscheinlichkeit, dass x aus den Daten kam und nicht generiert ist. Somit ergibt sich

$$V(x,D) = \mathbb{E}_{x \sim p_{data}}[log(1-D(x))] + \mathbb{E}_{x \sim p_{generator}}[\log(1-D(x))] +$$
$$\mathbb{E}_{x \sim p_{data}}[\log(D(x))]\, \mathbb{E}_{x \sim p_{generator}}[\log(1-D(x))]$$

Wird nun noch beachtet, dass der Erwartungswert, dass x nach dem Generator verteilt ist, von $D(x)$ sowie der, dass x nach den Daten verteilt ist von $1-D(x)$, beide 0 sind, lässt sich die Gleichung vereinfachen auf **[4]**

$$V(x,D) = \mathbb{E}_{x \sim p_{generator}}[\log(1-D(x))] + \mathbb{E}_{x \sim p_{data}}[\log(D(x))] \qquad [2]$$

Ersetze nun noch in einem letzten Schritt das $x \sim p_{generator}$ durch eine nach dem anfangs eingeführten z beschriebene Verteilung um G verwenden zu können, wodurch schließlich folgende Gleichung erzielt werden kann:

$$V(x,D) = \mathbb{E}_{z \sim p_z(z)}[\log(1-D(G(z)))] + \mathbb{E}_{x \sim p_{data}}[\log(D(x))]$$

Diese Gleichung lässt sich nun für einen Lernalgorithmus verwenden, indem die beiden Kontrahenten G und D gegeneinander antreten. Dabei versucht D seinen Erwartungswert zu maximieren während G seinen zu minimieren versucht. Dabei würde für beide jeweils der Erwartungswert 1 entstehen und das sogenannte MinMax-Spiel wäre gewonnen. Folgendes Bild veranschaulicht dieses MinMax-Prinzip nochmals genauer und gleichzeitig intuitiver:

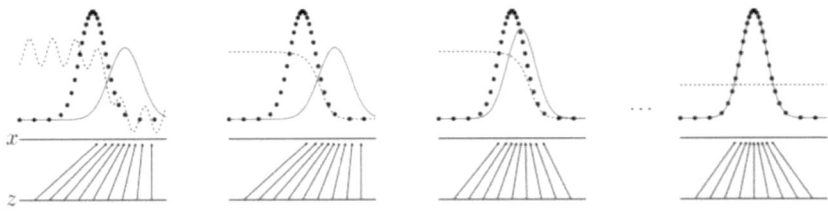

[2]

Diese vier Bilder veranschaulichen die verschiedenen Zustände, in denen sich der Algorithmus basierend auf dem MinMax-Spiel, befindet. Zunächst einmal eine generelle Legende. Die unterste horizontale Linie stellt den Raum Z dar, der aus rein zufälligen „Rausch"-Bildern besteht. Die Pfeile die von dieser Linie z zu der Linie x, welche die Simulation der Daten darstellt, führen, veranschaulichen das Mapping $p_z(z)$. Die schwarze gepunktete Linie stellt die Verteilung dar, wie sie aus den Daten zu entnehmen ist. Die anderen beiden Linien stellen die beiden Funktionen D und G dar, wobei die lilafarbene den Discriminator und die grüne den Generator darstellt.

In der ersten Abbildung ist die grüne noch sehr stark rechts und sieht noch nicht sehr nach der Datenverteilung in der Mitte aus, ähnelt ihr also erst sehr wenig. Die lila Linie ist links von der zentralen Verteilung relativ hoch und wird nach rechts geringer. Dies bedeutet, dass der Discriminator eine schwache Vorstellung davon hat, was den Daten ähnelt und was nicht, es sind jedoch noch viele Schwankungen vorhanden. Nach der ersten Trainingsiteration, in der der Discriminator zum ersten Mal trainiert wird, wird die lila Linie deutlich stringenter. Dies ist ein Anzeichen dafür, dass er nun ziemlich genau weiß, wann es sich um eine Fälschung handelt und wann das Bild echt ist. Im darauffolgenden Bild wurde nun zum ersten Mal der Generator trainiert, sodass die grüne Verteilung sich der schwarzen nähert, die Ausgabe des Generators also der der echten Daten näherkommt. Im letzten Bild, nach weiteren n Trainingsiterationen, sind die grüne und die schwarze Verteilung gleich. Der Diskriminator kann nun nur noch raten ob es sich um ein echtes oder gefälschtes Bild handelt, weshalb sein Wert konstant auf einem Niveau bleibt, der wie wir gleich sehen werden, 0,5 ist.

3.3 Algorithmus und Ergebnis

Da wir nun alle benötigten theoretischen Grundlagen sowie eine Vorstellung von GANs haben, wird es Zeit, den eigentlichen Algorithmus vorzustellen und zu erläutern.

For Anzahl Trainingsiterationen:

    For k Schritte:

        Aktualisiere Discriminator über aufsteigenden stochastischen

        Gradienten

        Aktualisiere Generator über absteigenden stochastischen Gradienten

---

Das ist zwar nicht der vollständige Algorithmus, doch diesen nun in Gänze zu erklären führt über das Ziel dieser Ausarbeitung hinaus, daher beschränken ich mich hier auf diese vereinfachte Version.

Es wird, wie einfach zu erkennen ist, zuerst der Discriminator k Mal mit echten Trainingsdaten trainiert, bevor der Generator zum ersten Mal trainiert wird. So ist es möglich, dem Generator schon gleich in der ersten Trainingsiteration ein valides Feedback geben zu können. Daraufhin wird dann der Generator zum ersten Mal trainiert, wobei dieser dann über das Feedback des Discriminators aktualisiert wird.

Bei der Wahl des Parameters k muss nun noch beachtet werden, dass falls er zu hoch gesetzt wird, der Discriminator schon gleich zu Beginn sehr genau sagen kann, ob ein Bild echt oder gefälscht ist. Dadurch ergibt sich jedoch für den Generator kein solides Feedback mehr, da alle seine Ausgaben mit nahezu 100% Wahrscheinlichkeit abgelehnt würden und er daraus resultierend nicht weiß, was er an seinen Bildern anzupassen hat. In den Versuchen des Forscherteams rund um Ian Goodfellow, den Autoren des Papers, welche die Grundlage für diese Ausarbeitung bildet, wurde stets mit $k = 1$ gerechnet [2].

Woher wird jetzt aber deutlich, dass wie in 3.2 erwähnt der Discriminator am Ende nur noch raten kann ob ein Bild echt oder gefälscht ist? Dafür muss man einmal unsere definierte

Verlustfunktion im Kontinuierlichen betrachten, dann werden aus den Erwartungswerten entsprechende Integrale, die sich auflösen lassen:

$$V(G,D) = \int p_{data}(x) \log(D(x)) \, dx + \int p_z(z) \log(1 - D(G(z))) dz$$
$$= \int p_{data}(x) \log(D(x)) + p_g(x) \log(1 - D(x)) \, dx$$

Da hier der Generator gar nicht mehr auftaucht, kann diese Funktion als Trainingskriterium für den Discriminator verwendet werden und weil dieser maximiert werden sollen, sucht man das Maximum. Für eine Funktion der Form $a \log(y) + b \log(1 - y)$ liegt das Maximum von [0,1] bei $\frac{a}{a+b}$ [2], also gilt für einen optimalen Discriminator bei fixem Generator

$$D_G^*(x) = \frac{p_{data}(x)}{p_{data}(x) + p_g(x)}$$

Möchte man nun noch wie anfangs erwähnt, den Generator minimieren, so kann diese Gleichung in die allgemeine Gleichung eingesetzt werden, wodurch als Resultat eine Gleichung ohne Discriminator herauskommt, die sich aufgrund dessen ideal als Trainingskriterium für den Generator eignet, also:

$$\max D \, V(G,D) = C(G)$$
$$= \mathbb{E}_{x \sim p_{data}} \left[\log \left(\frac{p_{data}(x)}{p_{data}(x) + p_g(x)} \right) \right] + \mathbb{E}_{x \sim p_g} \left[\log \left(\frac{p_g(x)}{p_{data}(x) + p_g(x)} \right) \right]$$

Das Minimum dieser Funktion ist erreicht falls $p_{data} = p_g$ gilt, woraus aus der obigen Gleichung für den maximalen Discriminator $D(x) = \frac{1}{2}$ folgt [2].

Anschaulich bedeutet dies also, wie bereits in 3.2 angeschnitten, dass bei einem optimalen Generator, der Discriminator nur noch raten kann, ob es sich um ein echtes oder gefälschtes Bild handelt und somit die Wahrscheinlichkeit, dass ein solches Bild aus den Daten kommt bei 0,5 liegt.

3.4 Anwendung

Mithilfe dieses Modells ist es also möglich aus verrauschten Bildern neue Bilder zu generieren, die von deutlich höherer Qualität sind, wie folgende Abbildung verdeutlicht

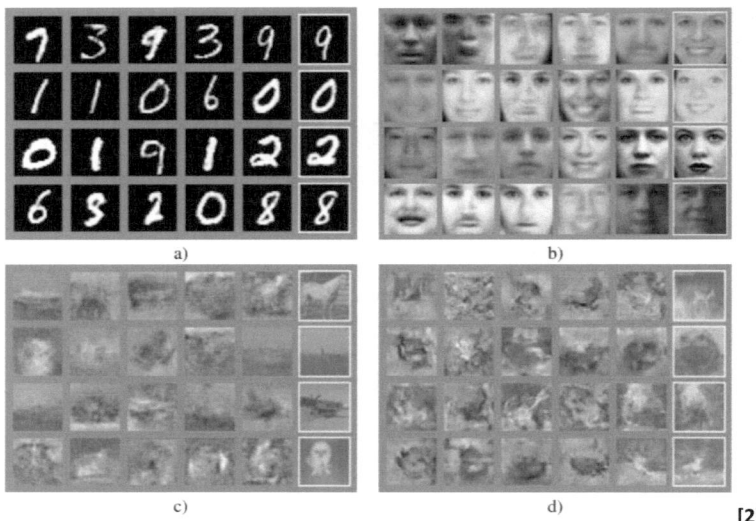

[2]

Auf den Bildern ist deutlich zu erkennen, dass die Anzahl der Pixel scheinbar erhöht wurde und der Rauscheffekt deutlich nachgelassen hat. Weiterhin sind vermehrt Kanten und Konturen zu erkennen, die so auf den originalen nur wenig oder gar nicht zu sehen sind, eine klare Verbesserung.

Als Nachteil dieses Modells nennen die Autoren vor allem den hohen Synchronisationsaufwand, der zwischen den beiden neuronalen Netzen besteht. Wird hier beispielsweise der Parameter k falsch gesetzt, so tritt das Helvetica Szenario auf, bei dem, wie in 3.3 besprochen, keine guten Ergebnisse mehr erzielbar sind, weil der Generator kein nützliches Feedback mehr erhält.

4 Image-To-Image Translation

4.1 Cycle Gan

Mit dem GAN Framework lassen sich also beachtliche Erfolge in der Bearbeitung und Verbesserung von Bildern erzielen, doch ist vielleicht noch mehr mit diesem Ansatz möglich? Ist es vielleicht möglich anstelle des Rauschens ganze Teile eines Bildes zu bearbeiten? Die Antwort auf beide Fragen lässt sich bejahen unter der Hinzunahme folgender Überlegung. Wenn ein Bild mittels eines GANs bearbeitet wird, dann sollte es auch möglich sein, von diesem bearbeiteten Bild zurück zum Original zu gelangen. Genau diesen Ansatz machen sich Jun-Yan Zhu et. Al. zu Nutze, indem sie zwei GANs einsetzen, die sich gegenseitig umkehren, also als Umkehrfunktionen zueinander aufzufassen sind [5]. Es wird also ein

Zyklus definiert, wo der Name auch herrührt. Dadurch lässt sich, wie wir gleich sehen werden, eine zweite Verlustfunktion bilden, über die man weitere Optimierungsmaßnahmen vornehmen kann.

4.2 Theoretische Grundlagen

Zu Beginn unserer Überlegungen stehen also zwei neuronale Netze dem GAN Framework entsprechend (D_X, G) und (D_Y, F), wobei das D jeweils für den Discriminator und der andere Buchstabe für den entsprechenden Generator steht. So lässt sich leicht überlegen, dass gilt

$$G: X \to Y \text{ und } F: Y \to X$$

G bildet also von dem Bildraum X nach Y ab und F entsprechend umgekehrt. Zunächst wird vielleicht erwartet, dass sich diese exakt umkehren, da es sich jedoch gerade zu Beginn des Trainings um unpräzise Funktionen handelt, liegt eher eine Relation wie

$$G(F(y_o)) = \widetilde{y_0} \text{ und } F(G(x_0)) = \widetilde{x_0}$$

vor. Es soll jedoch das Ergebnis erzielt werden, dass beide Funktionen passende Umkehrungen zueinander sind. Daher wurden genau diese Differenzen $y_0 - \widetilde{y_0}$ und $x_0 - \widetilde{x_0}$ in einer weiteren Verlustfunktion betrachtet, die es neben den schon existenten Verlustfunktionen (plural, da 2) zu minimieren gilt. Das resultiert dann in Verlustfunktion

$$\mathcal{L}(G,F)_{Cyc} = \mathbb{E}_{x \sim p_{data}}\left[\left\|F(G(x)) - x\right\|_1\right] + \mathbb{E}_{y \sim p_{data}}\left[\left\|G(F(y)) - y\right\|_1\right]$$

die einfach jeweils die Differenzen der beiden GAN Ergebnisse zu ihrem Urpsrungswertwert normiert betrachtet. Zusammenfassen lässt sich also die Grundlage des CycleGANs unter Verwendung dieser Verlustfunktion mit den beiden GAN Verlustfunktionen, was resultiert in

$$\mathcal{L}(G, F, D_X, D_Y) = \mathcal{L}_{GAN}(G, D_Y, X, Y) + \mathcal{L}_{GAN}(F, D_X, Y, X) + \lambda \mathcal{L}_{Cyc}(G, F)$$

mit λ als Parameter, der die beiden jeweiligen Verlustfunktionsarten zueinander relativieren lässt. Um diese Gleichung nun noch in der MinMax Notation zu schreiben, müssen lediglich die Generatoren minimiert und die Discriminatoren maximiert werden, also

$$G^*, F^* = \arg\min G, F \max D_X, D_Y \, \mathcal{L}(G, F, D_X, D_Y).$$

4.3 Ergebnis und Anwendung

Es wurde also eine weitere Verlustfunktion eingeführt, die, wie sich herausgestellt hat, elementar für den Erfolg komplexerer Aufgaben im Bereich der Image-To-Image Translation ist. Nun lassen sich anstatt einfachen Ausgleichs von Rauscheffekten, ganze Stile von Künstlern imitieren und normal aufgenommene Bilder in diesen Stil versetzen, wie in der folgenden Abbildung zu sehen ist.

[5]

Auch lassen sich so Teile von Bildern, wie etwa ein Pferd auf einer Koppel, eine Sommerlandschaft oder eine Menge von Äpfeln in ähnlich aussehende, für den Menschen jedoch klar differenzierbare Objekte bzw. Landschaften verändern, wie folgende Abbildung suggeriert

[5]

Diese Ergebnisse scheinen auf den ersten Blick sehr detailliert und genau zu sein, doch kann man bei genauerem Hinschauen immer noch Restpixel aus dem Original entdecken. Auch scheitert das CycleGAN Modell bei mehreren Instanzen oder komplexeren Gebilden von Objekten, die verändert werden sollen, wie folgendes Bild zeigt.

horse → zebra [5]

Es lässt sich also festhalten, dass durchaus sehr überzeugende Translationen von Bildern in neue Bilder möglich sind, diese jedoch meistens an Qualität einem Original nicht gleichwertig sind. Es gilt hierbei allerdings, dass bei einfacheren Aufgaben überzeugendere Ergebnisse erzielt werden können, die für eine große Menge von Anwendungen schon äußerst nützlich sind, wie etwa die Generierung 3D-Modellen von Knochen aus einer Menge von unscharfen oder qualitativ minderwertigen Röntgenaufnahmen [6].

5 Ausblick und aktueller Stand

Wie in dieser Ausarbeitung erörtert, können durchaus beeindruckende Ergebnisse mit den CycleGANs erzielt werden, doch liegen noch durchaus viele verschiedene Fehlerquellen auf den Ursprungsbildern vor, die es dem CycleGAN unmöglich machen ein akzeptables Ergebnis zu erzielen. Eines davon ist wie in 4.3 angesprochen eine erhöhte Anzahl von Instanzen, die auf dem Gesamtbild jeweils bearbeitet werden müssen. Für dieses Problem haben bereits Sangwoo Mo et al.2019 eine erweiterte Version des CycleGAN entwickelt, sogenannte InstaGANs [7]. Diese erkennen einzelne Instanzen zu bearbeitender Objekte und wenden auf jedes dieser das CycleGAN Konzept an. Damit wird es möglich, auch Bilder qualitativ hochwertig zu bearbeiten, auf denen mehrere Instanzen auftreten, wie folgendes Bild ausdruckstark unter Beweis stellt

(a) jeans→skirt   (b) sheep→giraffe

Es lässt sich also konkludieren, dass es sich bei der Image-To-Image Translation um ein hochaktuelles Thema handelt, bei dem ständig neue Entwicklungen erzielt werden und folglich eine noch eine große Anzahl an Verbesserungen in Zukunft ausstehen. Wie durch die InstaGANs mit ihren beeindruckenden Ergebnissen dargelegt, bietet das Gebiet der CycleGANs jede Menge potential, dass es auszuschöpfen gilt.

Literaturverzeichnis

[1] Wikipedia 2019: **künstliches neuronales Netz**. https://de.wikipedia.org/wiki/K%C3%BCnstliches_neuronales_Netz#/media/File:ArtificialNeuronModel_deutsch.png

[2] **Generative Adversarial Nets**, Ian J. Goodfellow, Jean Pouget-Abadie, Mehdi Mirza, Bing Xu, David Warde-Farley, Sherjil Ozair, Aaron Courville, Yoshua Bengio Departement d'informatique et de recherche operationnelle Universite de Montreal, Montreal, QC H3C 3J7, http://papers.nips.cc/paper/5423-generative-adversarial-nets.pdf

[3] **Deep Learning mit R und Keras: Das Praxishandbuch von den Entwicklern von Keras und R Studio**, Kapitel 3.1.3 Verlustfunktion und Optimierer: Konfiguration des Lernvorgangs; Francois Chollet, J. J. Allaire, 24.10.2018, MITP-Verlags GmbH & Co. KG

[4]Youtube 2019: Generative Adversarial Networks – FUTURISTIC & FUN AI !, CodeEmporium

https://www.youtube.com/watch?v=O8LAi6ksC80&t=532s

[5]**Unpaired Image-to-Image Translation using Cycle-Consistent Adversarial Networks,** Jun-Yan Zhu∗ Taesung Park∗ Phillip Isola Alexei A. Efros Berkeley AI Research (BAIR) laboratory, UC Berkeley, http://openaccess.thecvf.com/content_ICCV_2017/papers/Zhu_Unpaired_Image-To-Image_Translation_ICCV_2017_paper.pdf

[6] **Neue Anwendungsgebiete für Computer Assisted Surgery (CAS)**, Peter Schreier 2014, Forschungsforum Paderborn, https://digital.ub.uni-paderborn.de/download/pdf/2910120?name=2014

[7] David E. Rumelhart, Geoffrey E. Hinton, Ronald J. Williams: **Learning representations by back-propagating errors**. In: *Nature*. Band 323, 1986, S. 533–536.

BEI GRIN MACHT SICH IHR WISSEN BEZAHLT

- Wir veröffentlichen Ihre Hausarbeit, Bachelor- und Masterarbeit

- Ihr eigenes eBook und Buch - weltweit in allen wichtigen Shops

- Verdienen Sie an jedem Verkauf

Jetzt bei www.GRIN.com hochladen und kostenlos publizieren